# こまったさんの
# レシピブック

寺村輝夫・レシピ原案　岡本颯子・絵
さわのめぐみ・レシピ監修

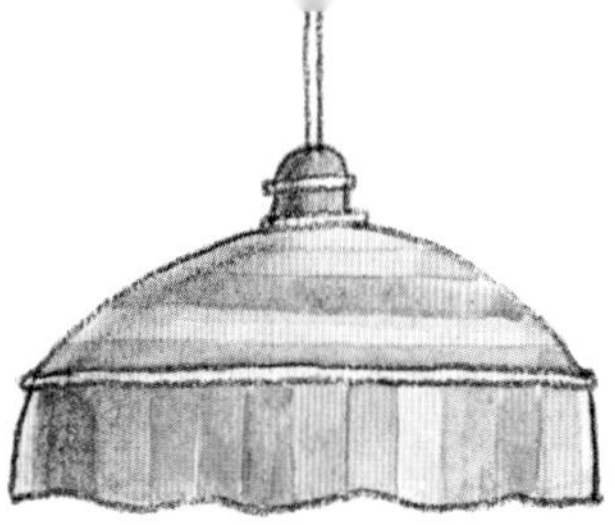

# もくじ



こまったさんのおみせは、えきのまえです。
小《ちい》さな小《ちい》さな花《はな》やさんです。
すぐに、こまったわ、というのが、こまったさんのくせです。
それで、ごしゅじんのヤマさんが、こまったさん、とあだ名《な》をつけました。

こまったさんが不《ふ》思《し》議《ぎ》な世界で活《かつ》躍《やく》する
童話「おはなしりょうりきょうしつ」。
この本は、物語の中に登場したりょうりを
つくることができるレシピブックです！
食べてみたかった、あのおはなしの、
あのメニューを味わってください。
さあ、いっしょに、おりょうりしましょう！

## この本のやくそく

- 作りたいメニューのページを事前に読んで、ひつような道具や材料を準備《じゅんび》しましょう。
- レシピに出てくる大さじは１５mℓ、小さじは５mℓ、１カップは２００mℓです。
- 使う野菜は、調理の前によく水洗《みずあら》いをしましょう。
- レシピに出てくる分量は目安です。野菜の大きさやお好みに応《おう》じて調整してください。
- ★マークがあるところは、元の童話のレシピにアレンジを加えたものです。
- 火加減《ひかげん》は弱火・中火・強火と表記しています。使用機器に合わせて調整してください。
- 「ふたをする」と表記のないときは、ふたをせずに調理してください。
- 生肉にふれたあとは毎回かならず、手や包丁《ほうちょう》やまな板を、きれいに洗《あら》いましょう。
- 火や油、包丁《ほうちょう》などの刃物《はもの》を使うときは、じゅうぶんに注意してください。
- 子どもが調理をするときは、かならずおとながサポートしてください。

## 基本《きほん》の調理道具

- ほうちょう
- ナイフ
- まな板
- 菜《さい》ばし
- 木べら
- 耐熱《たいねつ》のゴムべら
- おたま
- 穴《あな》あきおたま
- あわだて器
- おろし器
- すりこぎ
- トング
- ボウル
- ざる
- バット
- コンロ
- オーブン
- フライパン
- なべ
- 小なべ
- 計量カップ
- 計量スプーン
- はかり・デジタルスケール
- 竹串《たけぐし》
- ペーパータオル
- ラップ
- 小ビン (p22)
- 清潔《せいけつ》なふきん (p30)

# 下《した》準《じゅん》備《び》のポイント

## トマトの湯むき

① 小なべに、トマトがつかるくらいの分量のお湯をわかす。ボウルに氷水を用意する。

② トマトのヘタを取り、反対がわのおしり部分に、浅く十字に切れ目を入れる。

③ 穴《あな》あきおたまにトマトを乗せ、沸騰《ふっとう》したお湯の中に入れる。皮にシワがよるまで約5秒ほどお湯にしずめる。

④ お湯から出してすぐに冷水につけ、手早く皮をむく。

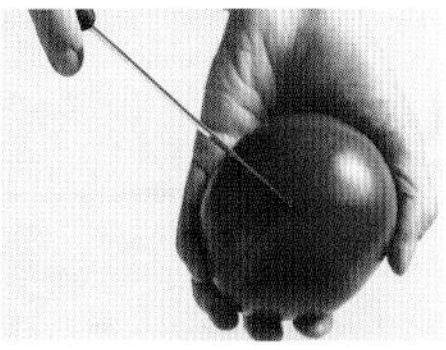
②

③

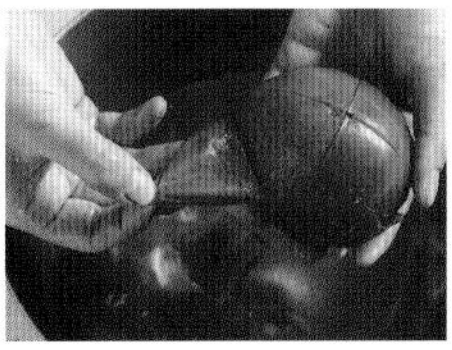
④

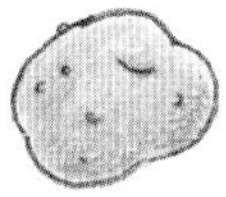

## じゃがいものアク抜《ぬ》き

① じゃがいもは、カットしたあと約10分ほど水にひたすことで、アクが抜《ぬ》けて味がおちつく。

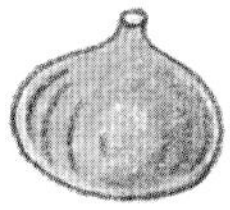

## 玉ねぎのみじん切り

① 玉ねぎをたて半分に切る。芯《しん》のひげの部分だけ薄《うす》く切りおとす。皮をむき、頭の部分も切る。

② 平たい面を下にして、頭から芯《しん》に向かって水平に、なるべく薄《うす》く切れ目を入れる。

③ ②にたいして垂直《すいちょく》に、なるべく薄《うす》く切れ目を入れる。

④ 頭側の端《はし》から、芯《しん》へ向かって、細かくきざむ。

②

③

④

# こまったさんのスパゲティ

## スパゲッティ・アッラ・ボロネーゼ

たまねぎ　いためて
あまみを　出して…
雨の休日に、ゆっくりつくろう

【材料（2人分）】

玉ねぎ……………½個《こ》
セロリ……………¼本
★にんじん…………⅓本
パセリ……………1本
トマト……………1個《こ》
オリーブオイル……大さじ2
牛豚《ぎゅうぶた》あいびき肉……200g
トマトピューレ……200mℓ
水…………………200mℓ
バター……………30g
粉チーズ…………大さじ3
塩…………………少々
こしょう…………少々

スパゲッティ………200g
水…………………2L
塩…………………20g
粉チーズ…………お好み
（またはパルミジャーノチーズ）

①
下準備《したじゅんび》をする。
玉ねぎ（p5参照）とセロリを、みじん切りにする。にんじんは皮をむいて、パセリはくきを取ってから、みじん切りにする。

②
トマトは湯むき（p5参照）してから横半分に切る。写真のようにスプーンの柄《え》のおしりなどを使い、種の部分をかきだしてから、あらくざく切りにする。

③
材料に火を通す。

フライパンにオリーブオイルを入れて弱火で熱し、①をすべて加えて、やわらかくなるまでしっかりと炒《いた》める。

①

②

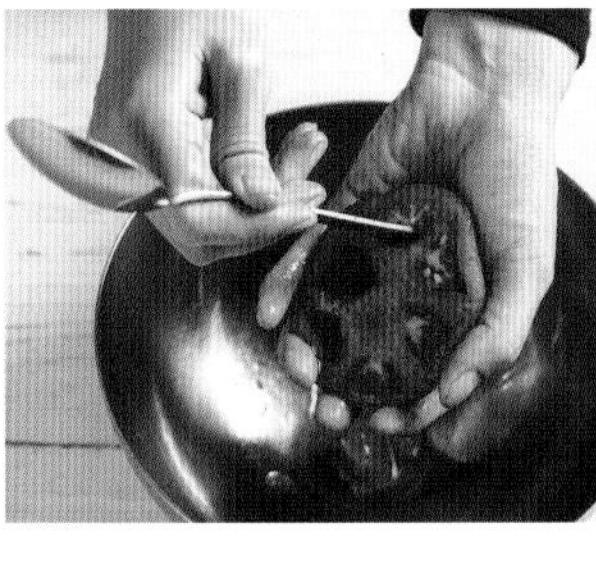

③

# こまったさんのスパゲティ

きゅうかんちょうの
ムノくんマークは、
童話ではおりょうりの
参考になるところです。▶

◀ こまったさんはお話の中で、
ボロネーゼのほかに
ボンゴレのスパゲティも
つくります！

④

③のフライパンに牛豚《ぎゅうぶた》あいびき肉を加え、中火で炒《いた》める。肉に火が通ったら、トマトピューレと②のトマト、水を加え、弱火でことこと約20分煮《に》こむ。さいごにバター、粉チーズ、塩、こしょうで味をととのえて、ソースのできあがり。

⑤

麺《めん》をゆでる。

なべに水を入れ、塩を加えて沸騰《ふっとう》させたら、スパゲッティをゆでる。しんなりとしてきたら、くっつかないようにかき混《ま》ぜる。商品の袋《ふくろ》に書いてあるゆで時間より、少し早くざるにあげる。

⑥

ゆで上がったスパゲッティを2枚の皿に盛《も》り、上にソースをかける。お好みで粉チーズをかけて、めしあがれ。

④

⑤

⑥

# こまったさんのカレーライス

## ポークカレー＆いかカレー

「ごちそう、なににしよう」
それなら、いつもとちがった
カレーを、もうひと品

【材料】（2人分）

ポークカレー

じゃがいも……1個《こ》
玉ねぎ……1個《こ》
りんご……½個《こ》
にんじん……½本
豚《ぶた》バラ肉ブロック……200g
バター……30g
カレーのルー……80gほど
水……400mℓほど
（市販《しはん》のルーは商品ごとに水の量が決まっているが、このレシピでは食材から出る水分がゆたかなため、商品に表示《ひょうじ》されている水の量より80〜100mℓほど減《へ》らすこと）

いかカレー

★玉ねぎ……¼個《こ》
トマト……1個《こ》
するめいか……1杯《ぱい》
バター……30g
カレー粉……小さじ1
塩……少々
白米……2人分
パセリ……少々

★にんじんラペ

にんじん……½本
寿司酢《すしず》……大さじ1
塩……少々
こしょう……少々

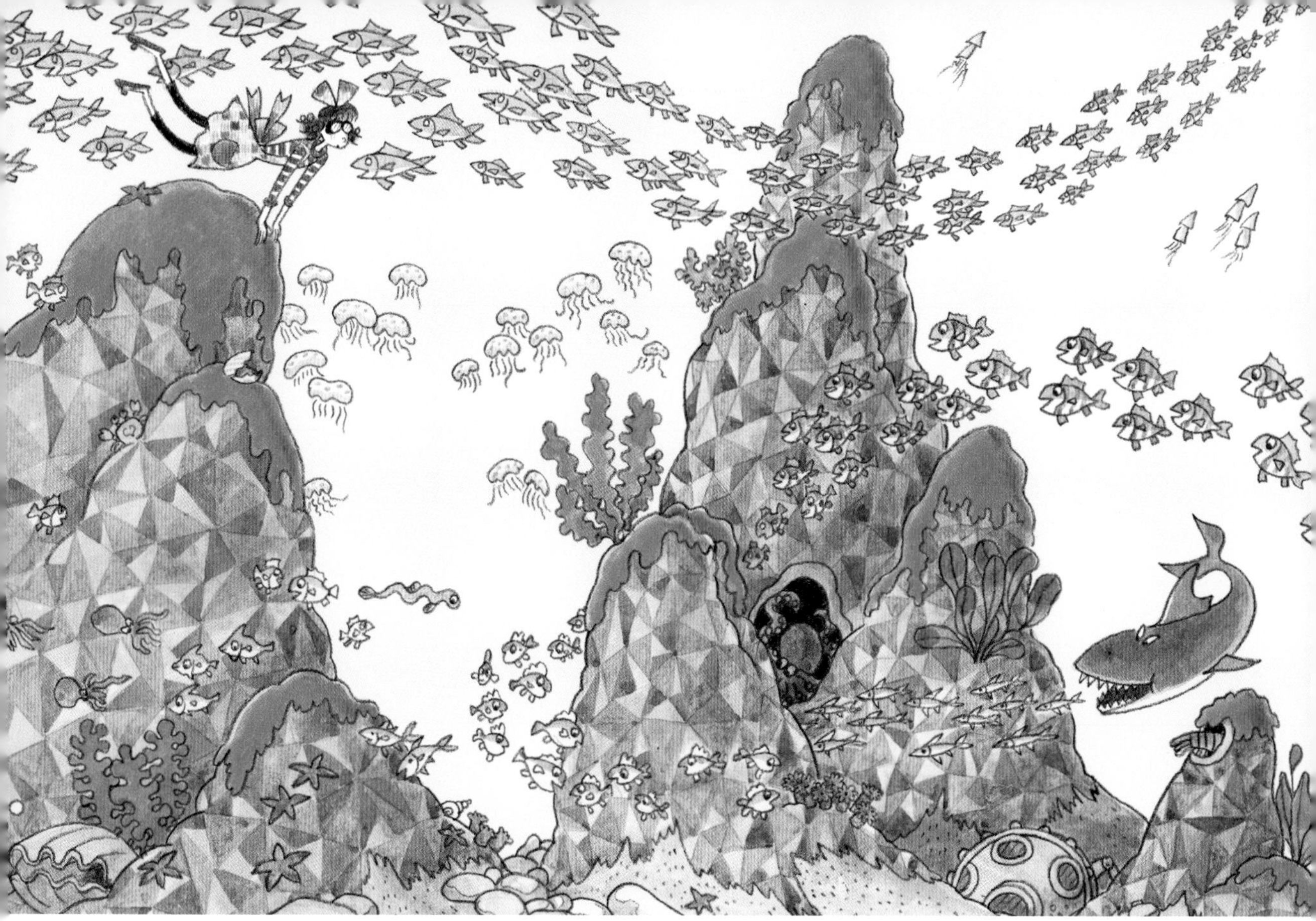

①

ごはんを炊《た》く。

2つのカレーの下準備《したじゅんび》をする。

じゃがいもの皮をむき、ひと口大にカットしてアク抜《ぬ》き（p5参照）する。玉ねぎは2つのカレーの分をみじん切り（p5参照）にする。トマトは皮ごとざく切りに、りんごは皮つきで、にんじんは皮をむいて、すりおろしにする。豚《ぶた》バラ肉はひと口大にカットする。

②

ポークカレーをつくる。

なべにバターを入れ、玉ねぎを加え、中火でやわらかく黄色っぽくなるまで炒《いた》める。豚《ぶた》バラ肉を入れて表面を焼《や》いたら、にんじんとりんごを入れ、全体に火が通るまで炒《いた》める。そこへ、じゃがいもと水を加え中火で煮《に》て、ふつふつとわいてきたら弱火にして、ふたをして10分ほど煮《に》こむ。

③

煮《に》こむあいだに、にんじんラペをつくる。

にんじんを千切りにする。ボウルに入れて寿司酢《すしず》と塩とこしょうを加え、よく混《ま》ぜあわせる。

ごはんにかざるパセリもみじん切りにする。

①

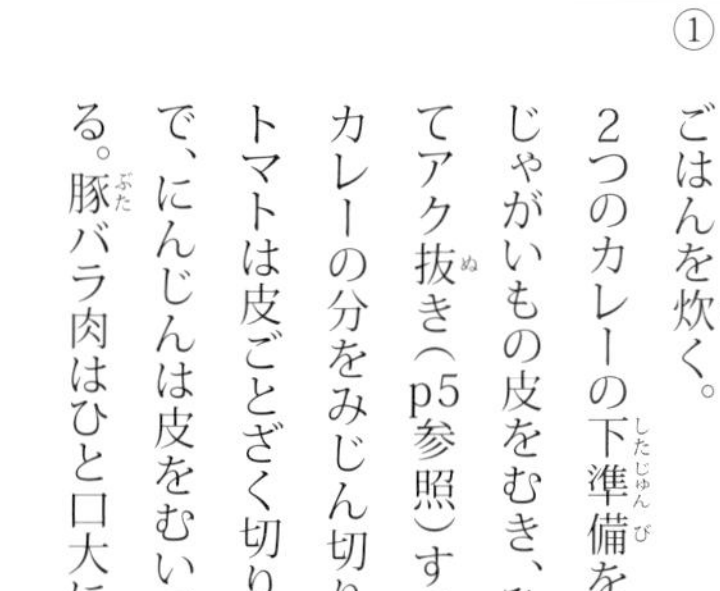


②

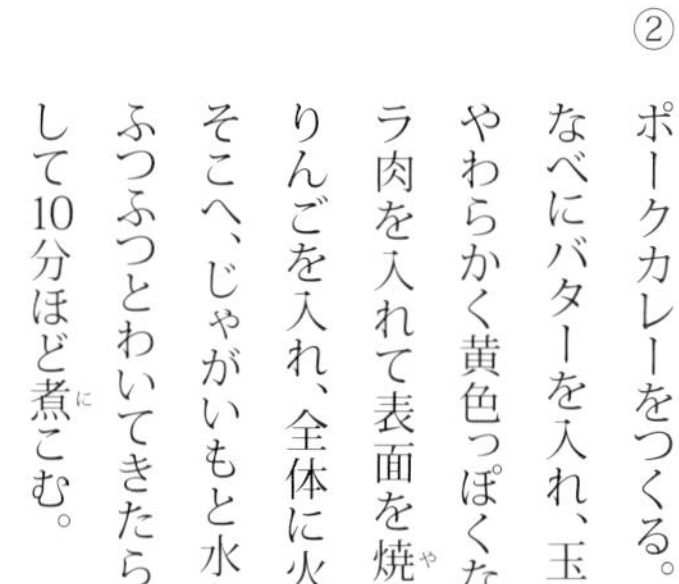

③

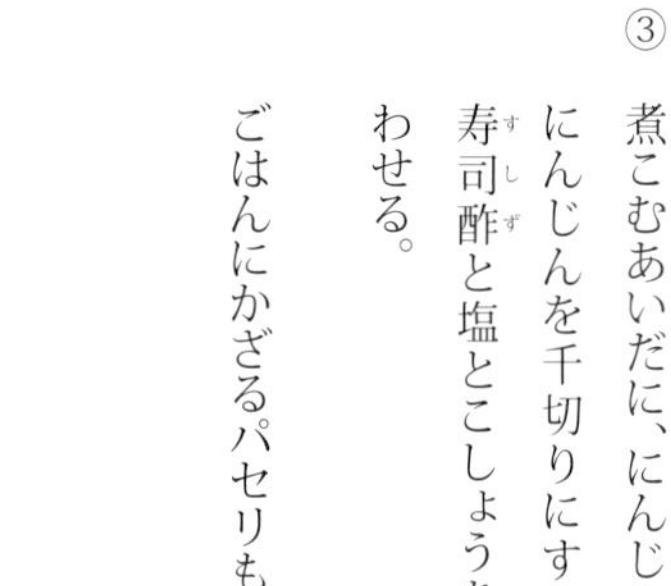

# こまったさんのカレーライス

おりょうりの
材料をそろえることも、
かんたんにはいかないのが ▶
こまったさん。

「わあっ。」
こまったさんは、かおに、すみをあびて、
まっくろ……。

ちょうど、そのとき、ごしゅじんが、かえってきました。おきゃくさんは、五人《にん》でした。

すると、また、ムノくんが、いうのです。

「コマッタ、コマッタ。」

こまったさんは、

「うるさいわね。こまった、なんていうと、ばんごはん、あげないから。」

といって、気《き》がつきました。ご・は・んです。ごはんを、たいてなかったのです。

◀ こんなしっぱいがあっても、
だいじょうぶ。
お客さんによろこんで
もらえるよう、くふうします。

④

②のじゃがいもに火が通ったら、いったん火を止めてカレーのルーを入れて、よくかき混《ま》ぜる。ルーが完全に溶《と》けきったら、弱火で3分ほど煮《に》こむと、ポークカレーが完成。

⑤

いかカレーをつくる。

するめいかは皮はむかず、ワタと背骨《せぼね》を取りのぞいて、全体を水でよく洗《あら》う。いかの足は1本ずつ指でしごくようにして、小さな吸盤《きゅうばん》を取り、それぞれに切りわける。身の部分は1.5㎝幅《はば》の輪切りにする。

⑥

フライパンを中火で温め、バターを入れる。ジュワーっと溶《と》けだしたら、玉ねぎとカレー粉を加え、玉ねぎがやわらかくなるまで炒《いた》める。するめいかとトマトを加え、全体に火が通るまで炒《いた》める。塩で味をととのえる。

⑦

うつわの真ん中にごはんをよそい、はさむようにして、両側にそれぞれのカレーを盛《も》りあわせる。にんじんラペをそえ、ごはんにパセリをふりかけたら、できあがり。

⑤

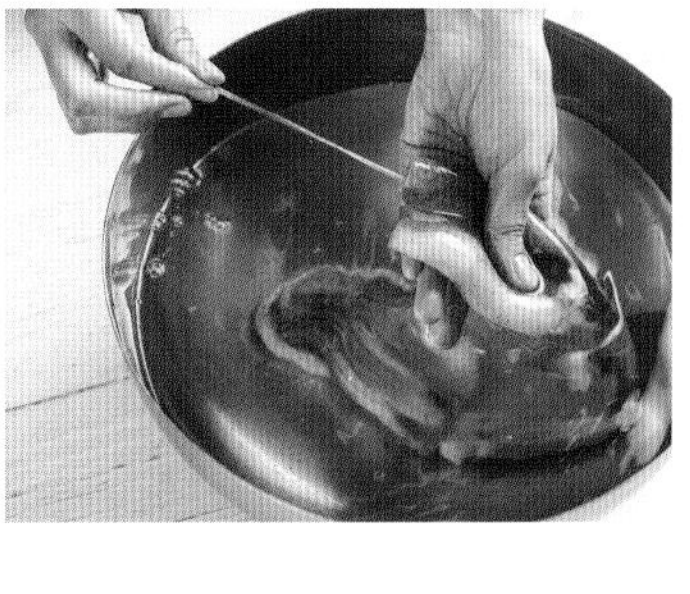

⑥

⑦

# こまったさんのハンバーグ

## 夜のハンバーグ＆朝のハンバーガー

よくまぜ　よくこね
もみ　もみ　ペタリ
こがさないよう、気をつけて

【材料（2人分）】

ハンバーグ

食パン（6枚切り）……½枚
牛乳《ぎゅうにゅう》……50㎖
玉ねぎ……½個《こ》
バター……20g
卵《たまご》……1個《こ》
牛豚《ぎゅうぶた》あいびき肉……400g
塩……小さじ½
こしょう……少々
サラダ油……大さじ½
水……100㎖
キャベツ……1枚
紫《むらさき》キャベツ……1枚

★ソース

ケチャップ……大さじ2
ウスターソース……大さじ2
しょうゆ……小さじ1
さとう……小さじ½
バター……10g

ハンバーガー

バンズ（丸パン）……2つ分
レタス……1枚
トマト……輪切り2枚
マスタード……小さじ2
マヨネーズ……小さじ2

①
下準備《したじゅんび》をする。

食パンをちぎって牛乳《ぎゅうにゅう》にひたし、まんべんなくやわらかくする。つけあわせのキャベツを千切りにする。玉ねぎをみじん切り（p5参照）にする。

②
タネをつくる。

フライパンにバターを入れて、中火で温める。バターが溶《と》けだしたら玉ねぎを加えて、やわらかくなるまで炒《いた》める。ボウルにあけて冷ます。

③
②のボウルに、食パン、卵《たまご》、牛豚《ぎゅうぶた》あいびき肉、塩、こしょうを加えて、ねばりがでるまでよく混《ま》ぜあわせる。ボウルを冷蔵庫《れいぞうこ》に入れて、1時間以上ねかせる（ひと晩《ばん》ほどねかせてもいい）。

④
③を4つに分ける。1つ分を手に取り、片手《かたて》から片手《かたて》に、ペタンペタンと6回ほど打ちつけて空気を抜《ぬ》く。タネの形をととのえて、バットへ置く。

②

③

④

❶ ハンバーガーをつくる。
マスタードとマヨネーズを合わせてソースを作る。上下のバンズの内側を軽く焼《や》き、そこにソースをぬる。ハンバーグを温める。

❷ バンズに、下からレタス、トマト、ハンバーグ、バンズの順に重ねたら、ハンバーガーの完成。

「あら、あなた、かぜひいたの……。」

いいおわらないうちに、気《き》がつきました。

ハンバーグが、くろこげです。

「こまったわ。」

ひっくりかえして、火《ひ》をよわめました。が、ムノくんみたいに、まっくろけ！ しっぱいです。

「いいのよ。こんどは、うまくやくから。」

のこりのにくを、ていねいにやいて、やっとできあがり。

68

ヤマさんは、また、せきをしました。

「コン、コン！」

▲ こまったさんはこの巻《かん》で、
夜のハンバーグのこげをけずって
朝のハンバーガーをつくります。

❶

❷

⑤ タネを焼《や》く。
ハンバーグを焼《や》くときは、油や肉汁《にくじゅう》がはねるため、じゅうぶん注意する。フライパンにサラダ油を入れて、強火で熱し、一度弱火にしてからタネを置く。すぐに強めの中火にして、片面《かためん》に焼《や》き目をつけ、こがさないうちにひっくりかえす。

⑥ ぎゃくの面にも焼《や》き目をつけたら、そのまま水を加えてふたをする。強火で3分＋中火で3分ほど蒸《む》し焼《や》きにし、火を止めてふたをしたまま2分待つ。皿に、1人分ずつキャベツの千切りとハンバーグを盛《も》りあわせる（2つはハンバーガー用に取っておく）。

⑦ ハンバーグのソースをつくる。
フライパンにのこった肉汁《にくじゅう》に、ケチャップ、ウスターソース、しょうゆ、さとう、バターを入れて、中火でひと煮《に》たちさせる。ハンバーグの上にソースをかけて、できあがり。

⑤

⑦

# こまったさんのオムレツ

## 納《なっ》豆《とう》オムレツ

こまったさんのご主人の、ヤマさんも大好きな納《なっ》豆《とう》オムレツ・コンクールで一等賞

【材料（2人分）】

卵《たまご》……4個《こ》
塩……少々
納《なっ》豆《とう》……1パック
★納《なっ》豆《とう》のたれ……1袋《ふくろ》
万《ばん》能《のう》ねぎ……2本
サラダ油……小さじ2

※オムレツは1人分ずつ調理します

① 下準備《したじゅんび》をする。万能《ばんのう》ねぎを小口切りにする。納豆《なっとう》に混《ま》ぜる分と、仕上げにかける分を、半量に分けておく。

② うつわに、納豆《なっとう》と納豆《なっとう》のたれと納《なっ》豆《とう》分の万能《ばんのう》ねぎを入れ、よく混《ま》ぜあわせて、2人分に分けておく。卵《たまご》を焼《や》きあげたらすぐに使うため、近くに置いておく。

③ 1枚《まい》ずつ卵《たまご》を焼《や》く。ボウルに卵《たまご》2個《こ》を割《わ》り入れる。あわだて器を使って白身を切るようにかき混《ま》ぜ、塩を加え、できるだけなめらかな卵液《らんえき》をつくる。

④ 小さめのフライパンにサラダ油を入れる。弱火で温めながら、キッチンペーパーでフライパン全体にぬってなじませる。フライパンがよく温まったら中火にして、③の卵液《らんえき》を一気に流し入れる。

①

②

③

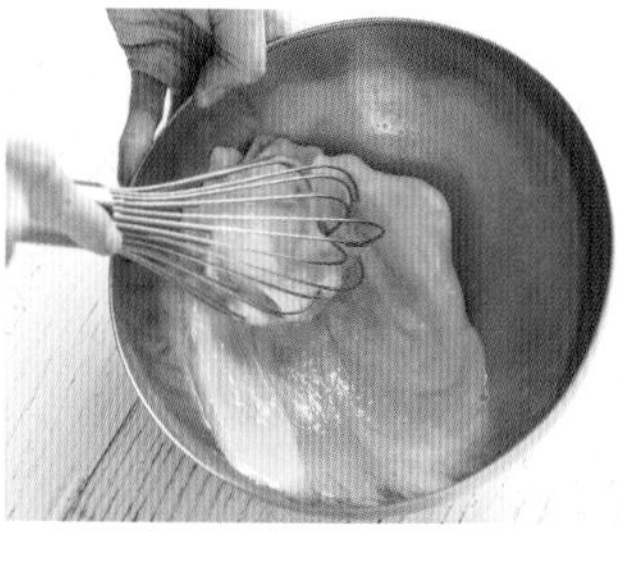

# こまったさんの**オムレツ**

オムレツ島へ招待《しょうたい》された
こまったさんが、
ふしぎなおじいさんにいわれた ▶
びっくりすることば…。

◀ オムレツづくりは、
とてもむずかしい。
こまったさんも
なんどもなんども練習します。

⑤
フライパンを前後にゆすりながら、菜《さい》ばしを開いて、いきおいよくかき混《ま》ぜる。火の通った面を、内側に入れこんでいくようなイメージで、とにかく手早く混《ま》ぜて焼《や》いていく。全体が半熟《はんじゅく》になったところで火を止める。

⑥
納豆《なっとう》を入れる。

焼《や》きあげた卵《たまご》の中心に、②を1人分置く。耐熱《たいねつ》のゴムべらなどを使い、卵《たまご》が半月の形になるように手早くたたむ。くずれないように皿に盛《も》る。

⑦
フライパンをきれいに洗《あら》ってから、2枚目も③～⑥をくりかえす。
最後に万能《ばんのう》ねぎを2皿に分けてかけて、めしあがれ。

⑤

⑥

⑦

# こまったさんのサラダ

## 具だくさんおかずサラダ

サラダは　いろどり　かんがえよう
組みあわせは無《む》限《げん》大《だい》
好きな野菜で、自由につくろう

【材料】（2人分）

マヨネーズ
卵《らん》黄《おう》……………1個《こ》
サラダ油…………100mℓ
酢《す》……………大さじ1
マスタード………小さじ1
塩……………小さじ½
こしょう…………少々

フレンチドレッシング
サラダ油…………大さじ2
酢《す》……………大さじ1
マスタード………小さじ½
塩……………少々
こしょう…………少々

サラダの具
じゃがいも………1個《こ》
アスパラガス……4本
ベーコンブロック……50g
きゅうり…………½本
にんじん…………½本
レタス……………2枚
紫《むらさき》キャベツ………⅛個《こ》
ミニトマト………3個《こ》
マッシュルーム……½個《こ》
カマンベールチーズ……50g
ヤングコーン……4本
卵《たまご》……………1個《こ》
塩……………大さじ½

くるみのロースト……お好み
パンプキンシード……お好み

①

マヨネーズをつくる。ボウルに卵黄《らんおう》を入れて溶《と》く。サラダ油をボウルの端《はし》から少量ずつ入れて、あわだて器でよく混《ま》ぜる。油をちょっとずつなじませ、とろりと乳化《にゅうか》させるのがコツ。サラダ油を半量入れたところで酢《す》を一気に加え、さらに混《ま》ぜる。サラサラの液体《えきたい》になった状態《じょうたい》からまたサラダ油を少量ずつ加えて仕上げていく。もったりしてきたら、マスタード、塩、こしょうで味をととのえて、できあがり。

②

フレンチドレッシングをつくる。小ビンにすべての材料を入れて、ふたを閉《し》め、よくふったらできあがり（お好みで、マヨネーズを加えたら白フレンチドレッシング、マヨネーズとケチャプを加えたら赤フレンチドレッシングになる）。

③

具の準備《じゅんび》をする。じゃがいもは、皮をむいてひと口大にカットしてアク抜《ぬ》き（p5参照）しておく。アスパラガスは根元のかたい部分を切ってから半分にカットする。ベーコンは1㎝の厚《あつ》みにスライスする。きゅうりと皮をむいたにんじんは写真のようにスティック状《じょう》にカットする。

①

②

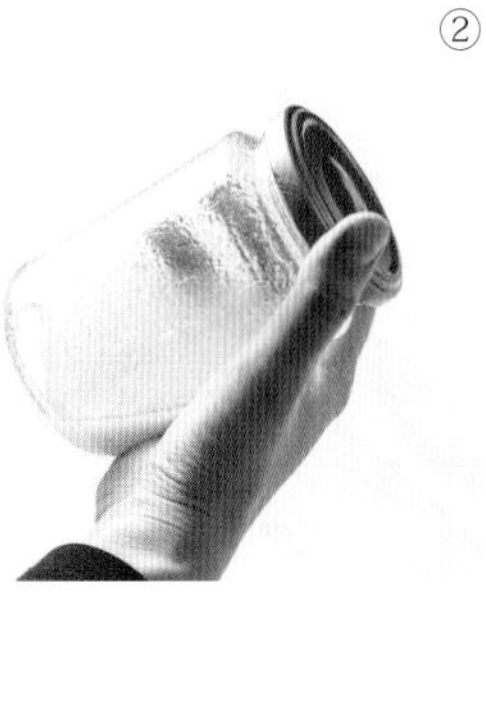

③

# こまったさんのサラダ

だれもいないはずの
お店にあらわれた
魔《ま》女《じょ》といっしょに、
こまったさんは…？ ▶

◀ マヨネーズづくりの
コツを教えてもらったら、
うたいながら
がんばってやってみます。

④ レタスは水気をきり、紫《むらさき》キャベツは千切りにする。ミニトマトは半分に切り、マッシュルームはキッチンペーパーをしめらせて軽くふいて、たてに薄《うす》切《ぎ》りにする。カマンベールチーズは食べやすい大きさにカット。くるみとパンプキンシードも用意しておく。

⑤ 小なべに水とじゃがいもを入れて中火にかけ、スッと竹串《たけぐし》が刺《さ》さるくらいまでゆでる。べつのなべにお湯をわかして塩を加え、ヤングコーンは2分、アスパラガスは1分ゆでる。卵《たまご》は沸騰《ふっとう》させたお湯で約7分ゆでたら冷水につける。冷めたらからをむいて半分にカットする。

⑥ 中火でよくあたためたフライパンに油はひかず、ベーコンを焼《や》き目がつくようにていねいに焼《や》く。

⑦ きゅうりとにんじんはグラスに入れる。皿には、準《じゅん》備《び》した具材をいろどりよく盛《も》りつける。くるみを指でくだきながらパラパラとかけ、パンプキンシードもまぶして、できあがり。スティックサラダはマヨネーズをつけて、ほかはフレンチドレッシングであえて、めしあがれ。

④

⑥

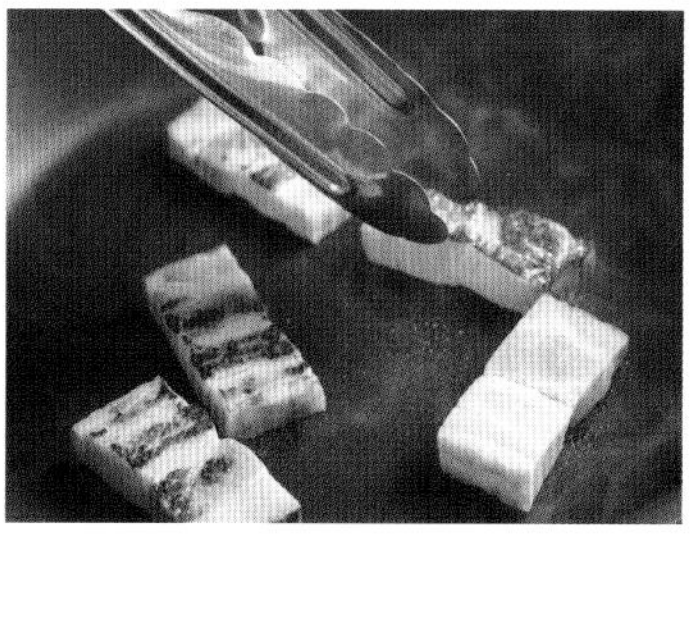

⑦

# こまったさんのグラタン

## いろいろ野菜のグラタン

【材料（2人分）】

ホワイトソース

玉ねぎ……½個《こ》
バター……20g
薄力粉《はくりきこ》……大さじ1
牛乳《ぎゅうにゅう》……300mℓ
コンソメ……小さじ½
塩……少々
こしょう……少々

★具

じゃがいも……1個《こ》
ブロッコリー……大4ふさ
ミニトマト……6個《こ》
マッシュルーム……2個《こ》
マカロニ……150g
塩……10g
水……1L
とけるチーズ……お好み

ミルクを入れてホワイト・ソース
すこしずつ　ていねいに
すこしずつ　あわてずに

①

下準備《したじゅんび》をする。

玉ねぎをみじん切り（p5参照）にする。じゃがいもは皮をむいてひと口大にカットして、アク抜《ぬ》き（p5参照）をしておく。ブロッコリーもひと口大に切る。

②

ホワイトソースをつくる。

フライパンにバターを入れて中火にかけ、玉ねぎを加えてやわらかくなるまで炒《いた》める。中火のまま、薄力粉《はくりきこ》を一気に加え、こがさないようにていねいに全体を混《ま》ぜあわせる。

③

牛乳《ぎゅうにゅう》を3回くらいに分けてゆっくり注ぎながら、そのつどダマができないようによく混《ま》ぜていく。コンソメ、塩、こしょうを加える。火力が強すぎるとかたくなってしまうので注意する。とろみが出たら火を止め、ホワイトソースのできあがり。

オーブンを250℃に予熱しておく。

①

②

③

# こまったさんのグラタン

ご主人のヤマさんは、
花屋のおしごと
そっちのけで
鉄道の模型《もけい》に夢中《むちゅう》です。▶

◀ いつのまにか
食堂車のキッチンで、
ヤマさんがグラタンを
つくることになりました。

④ 具の準備《じゅんび》をする。
じゃがいもとブロッコリーをそれぞれべつのなべでゆでる。あとからまた熱を通すため、ゆですぎないよう気をつける。ミニトマトはヘタを取り、マッシュルームはキッチンペーパーをしめらせて軽くふいて、¼にカットする。

⑤ マカロニをゆでる。
なべにお湯を沸騰《ふっとう》させて塩を加え、マカロニを、商品の袋《ふくろ》に書いてあるゆで時間よりやや短めにゆでる。ざるに取りだしてよくお湯をきり、グラタン皿２枚に半分ずつしきつめる。

⑥ グラタンを焼《や》く。
⑤の上に、具とホワイトソースを写真のようにいろどりよく盛《も》りつけ、とけるチーズを上からまんべんなくのせる。２５０℃のオーブンで15分焼《や》き、焼《や》き目がついたら完成。

⑤

⑥

# こまったさんのサンドイッチ

## たまごサンド&ツナサンド

「さあ、たべるぞ。うまそう」
鬼《おに》もよろこぶ、サンドイッチ
かんたんでおいしい二種類

【材料（2人分）】

たまごサンド

食パン（8枚切り）……4枚
卵《たまご》……2個《こ》
マヨネーズ……大さじ2
ヨーグルト……大さじ1
バター……10g
マスタード（洋がらし）……小さじ2

ツナサンド

食パン（8枚切り）……4枚
ツナ缶《かん》……2缶《かん》
玉ねぎ……⅙個《こ》
★きゅうり……½本
サラダ菜……2枚
マヨネーズ……大さじ2
塩……少々
バター……10g
マスタード（洋がらし）……小さじ2

①

下準備《したじゅんび》をする。

バターをやわらかくするため、冷蔵庫《れいぞうこ》から出しておく。

沸騰《ふっとう》させたお湯に、からのままの卵《たまご》を入れて、約15分ほどかたゆでにする。ゆであがったらすぐに冷水につけて、一気に冷まして、からをむく。

②

たまごサンドの具をつくる。

卵《たまご》の白身と黄身を分ける。白身はほうちょうで細かくきざみ、黄身はスプーンなどを使ってしっかりつぶす。ボウルに、黄身、マヨネーズ、ヨーグルトを加え、よく混《ま》ぜあわせる。きざんだ白身を加えてさらに混《ま》ぜたら完成。

③

ツナサンドの具をつくる。

玉ねぎをみじん切り(p5参照)にする。きゅうりは横半分に切ったあと、たてに薄切《うすぎ》りにする。サラダ菜は水につけてシャキッとさせる。ツナ缶《かん》の水分をきり、ほぐしてボウルに入れる。玉ねぎとマヨネーズを加え、ゴムべらでよく混《ま》ぜて、塩で味をととのえると完成。

②

②

③

# こまったさんの**サンドイッチ**

おべんとうを持って
山のぼりにいくはず
だったのですが、
鬼《おに》につかまってしまいます。▶

◀ この巻《かん》の見返しページで
紹介《しょうかい》しているのは、
いろんなオープンサンド。
どれもつくってみたくなります。

④
サンドの準備《じゅんび》をする。

食パン4枚にマスタードをぬる。もう4枚には、やわらかくなったバターをぬる。具をサンドするときには、マスタードのパンとバターのパンで一対《いっつい》ずつにして使う。

⑤
食パン二対《につい》に、②の具をサンドする。のこりの食パン二対《につい》には、水気をよくきったサラダ菜、③の具、きゅうりの順にのせてサンドする。

写真のように清潔《せいけつ》なふきんかラップで包んで、約30分ほどねかせたら、食べごろ。

⑥
食パンの耳をカットする。ほうちょうやナイフを、コンロの火であぶってあたためると、よく切れる。パンの真ん中をななめ半分にカットして、皿にならべたら、できあがり。

④

⑤

⑥

# こまったさんのコロッケ

## ツナカレーコロッケ

パンクしてないコロッケを
じょうずにつくるには、
ままてま　まつの　まちなさい

**【材料（2人分）】**

ツナカレーコロッケ

玉ねぎ……………½個《こ》
サラダ油…………大さじ1
ツナ缶《かん》……………1缶《かん》
じゃがいも………2個《こ》
カレー粉…………小さじ½
★マヨネーズ……大さじ2
小麦粉……………大さじ2
卵《たまご》…………………1個《こ》
パン粉……………½カップ
揚《あ》げ油《あぶら》……………適量《てきりょう》

付け合わせ

キャベツ…………1枚
紫《むらさき》キャベツ……1枚
★ミニトマト……6個《こ》
レモン……………⅛カット
ソース……………お好み

①

下準備《したじゅんび》をする。

2種類のキャベツは、水につけて冷やしたあとに千切りにする。玉ねぎはみじん切り(p5参照)にする。ツナ缶《かん》の水気をきる。じゃがいもは皮をむき、3〜4等分に切ってアク抜《ぬ》き(p5参照)しておく。

②

タネをつくる。

なべにじゃがいもがかぶるくらいの水を入れ、中火にかける。沸騰《ふっとう》したら火を弱め、しずかに煮《に》たつ程度《ていど》の火加減《ひかげん》で、やわらかくなるまで15分間ほどゆでる。

その間に、フライパンにサラダ油を熱して、弱火で玉ねぎのみじん切りを、やわらかく黄色っぽくなるまで炒《いた》める。

③

じゃがいもがゆであがったらゆで汁《じる》をすてる。ふたたびなべを中火にかけたら、軽くゆすって水気をとばし、こふきいもを作る。写真のようにざるとボウルを重ねて、へらを使って裏《うら》ごしして、マッシュポテトをつくる。お好みで、すりこぎなどでつぶすだけの、じゃがいものつぶがのこっている状態《じょうたい》のタネでもＯＫ。

①

②

③

# こまったさんのコロッケ

やったことのない
サッカーをすることになり、
とまどうこまったさん。
しかも、雪かと思ったら…。▶

◀ コロッケづくりで
いちばん大事なことを、
こまったさんが
ズバリうたって教えてくれます。

④
③のボウルに炒《いた》めた玉ねぎを合わせ、ツナとカレー粉、マヨネーズを入れてよく混《ま》ぜる。バットに取りだして平たくし、よく冷ます。ゴムべらで、写真のように6等分に分け、手で俵型《たわらがた》に丸める。

小麦粉、溶《と》き卵《たまご》、パン粉をそれぞれバットなどに用意する。小麦粉をまぶし、溶《と》き卵《たまご》をからめ、パン粉で衣をつけたら、両手でギュッとして形をととのえる。べつのバットに置く。

⑤
タネを揚《あ》げる。
揚《あ》げ油を小なべに約3㎝ほどの深さまで注ぎ、菜《さい》ばしを入れると先から泡《あわ》が出るようになる170℃くらいに熱する。

トングなどを使って油の中に④を入れたら、弱火から中火で火加減《ひかげん》を調整しつつ、濃《こ》いめのきつね色になるまで約2～3分、転がしながら揚《あ》げていく。

⑥
うつわにキャベツの千切りとコロッケを盛《も》りあわせ、ミニトマトとレモンをそえ、お好みでソースをかけて、めしあがれ。

④

⑤

⑥

# こまったさんのラーメン

## たまごラーメン

なべの中に　花がさく
あつあつの半熟《はんじゅく》がおいしい、
ハム＆カニ缶《かん》入り

【材料（2人分）】

スープ

鶏《とり》がら……500g
または
鶏《とり》もも肉……1枚（200〜300g）
長ねぎ……1本
しょうが……30g
水……適量《てきりょう》
塩……お好み
こしょう……お好み
ラーメンの麺《めん》……2人分

具

卵《たまご》……2個《こ》
ハム……2枚
長ねぎ……¼本
★カニの缶詰《かんづめ》……½缶《かん》
★トマト……½個《こ》
★万能《ばんのう》ねぎ……1本
★レタス……1枚
塩……少々
こしょう……少々
サラダ油……大さじ1
★ごま油……小さじ1

①

スープをつくる。鶏《とり》の骨《ほね》にこびりついている内臓《ないぞう》や血合いを流水で洗《あら》いながす。ボウルに入れ、熱湯を回しかけると、落としきれなかったよごれが浮《う》いてくるので、それも流水で洗《あら》う。

②

大きめのなべに、鶏《とり》がら、てきとうな長さにカットしたスープ用の長ねぎ、薄切《うすぎ》りにしたしょうがを入れ、材料がかぶるたっぷりした量の水を入れる。強火にかけ、ふっとうしたら弱火にして、浮《う》きでたアクを取りのぞく。約90分ほど煮《に》こみ、ざるとキッチンペーパーでこして、鶏《とり》がらスープの完成。

鶏《とり》もも肉でつくる場合は、ぶつ切りにして鶏《とり》がらのかわりに使い、煮《に》こむのは約30分ほど。肉はスープとともに具としていただく。

③

具の準備《じゅんび》をする。卵《たまご》をボウルに割《わ》り入れてよく溶《と》き、カニ缶《かん》をあけて入れる。ハムと長ねぎはみじん切りにし、トマトは6等分に切る。レタスは手でちぎって加える。かるく混《ま》ぜあわせ、塩、こしょうを少々ふる。

トッピングの万能《ばんのう》ねぎは、小口切りにしてべつにしておく。

①

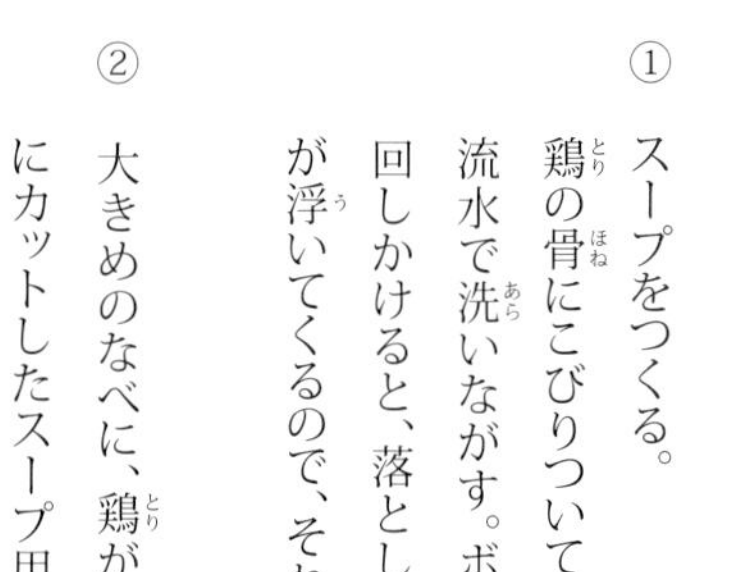

②

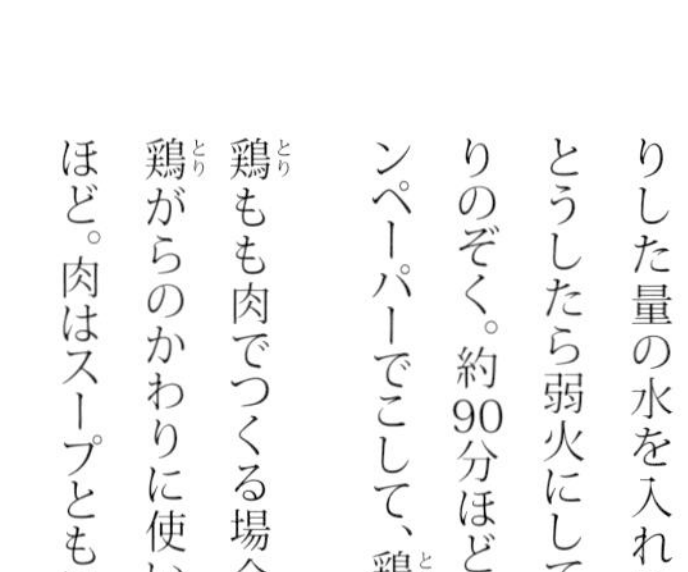

③

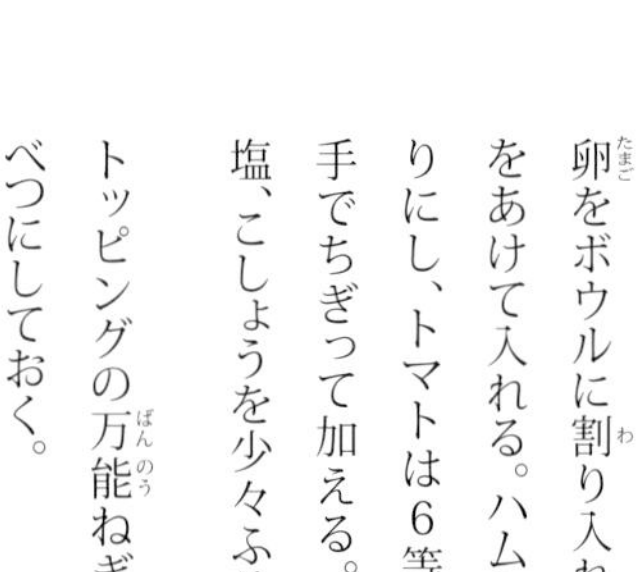

# こまったさんのラーメン

「きょうからうちは
こまったラーメンだ」と
ヤマさんがいいだしたら、
ひとりのおじさんがやってきて…。▶

◀ この巻《かん》には、中華《ちゅうか》なべで
ごうかいにつくってみたい、
「やさいいためラーメン」も
出てきます！

④

②のスープを小なべに５００㎖ほど入れて温め、塩、こしょうで味つけする。少し濃《こ》いかな？ くらいが目安。ラーメンを入れるうつわに熱湯を注いで、温めておく。

⑤

麺《めん》をゆでる。

べつの小なべにお湯をわかし、沸騰《ふっとう》したら麺《めん》を入れて、商品の袋《ふくろ》に書いてある分数ゆでる。とちゅう麺《めん》をほぐすように菜《さい》ばしで混《ま》ぜる。ゆであがったらよくお湯をきる。

⑥

具を調理する。

フライパンにサラダ油を入れ、強火で熱してよくなじませる。油がサラサラの状態《じょうたい》になったら、③のボウルの中身を加える。強火のままフライパンを前後にゆすり、菜《さい》ばしを開いて、いきおいよくかき混《ま》ぜる。火の通った面を、内側に入れこんでいくようなイメージで、手早く混《ま》ぜて焼《や》いていく。半熟《はんじゅく》スクランブルエッグ状《じょう》になったら、火を止め、ごま油をまわし入れる。

⑦

うつわを温めていたお湯をすて、スープと麺《めん》を入れる。上に⑥を手早く盛《も》りつける。万能《ばんのう》ねぎをかけて、できあがり。

⑤

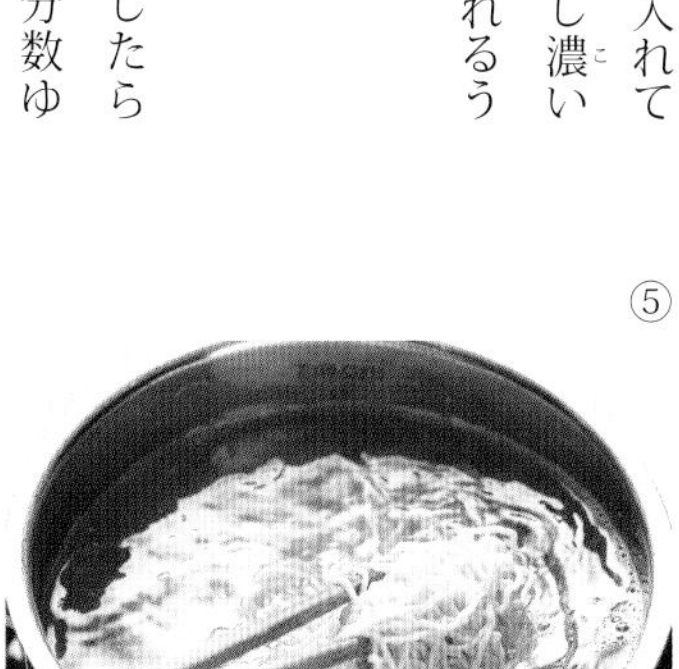

⑥

⑦

# こまったさんのシチュー

カランガ

「あじのきめては、カレーこです」
アフリカのシチューは
野菜たっぷり、さらさらスープ

**【材料（2人分）】**

トマト……………1個《こ》
玉ねぎ……………1個《こ》
にんじん…………½本
にんにく…………1かけ
おくら……………8本
鶏《とり》もも肉…………1枚（200〜300g）
サラダ油…………大さじ2
カレー粉…………大さじ1
水…………………500㎖
塩…………………少々
こしょう…………少々

①
下準備《したじゅんび》をする。
トマトはヘタをとって、皮ごとざく切りにする。煮《に》こんでいくとやわらかくなるため、お好みの大きさでOK。皮をむいた玉ねぎとにんじん、鶏《とり》もも肉もそれぞれぶつ切りにする。にんにくはみじん切りにする。おくらはガクのかたい部分をけずって、カットせずに丸ごと使う。

②
肉を炒《いた》める。

なべを中火にかけてサラダ油を入れる。にんにくを加えたら、弱火にして火を通す。いい香りがしてきたところに、鶏《とり》もも肉を加えて、中火で炒《いた》める。

③
鶏《とり》もも肉の表面に火が通り、ほんのり白くなってきたら、カレー粉を加える。全体になじむように手早く炒《いた》める。

①

②

③

# こまったさんのシチュー

花束《はなたば》を注文《ちゅうもん》した男の子は
やくそくだから…といって、
こまったさんのために
カランガをつくりはじめます。▶

◀この巻《かん》ではほかに
「ホワイト・シチュー」も紹介《しょうかい》。
こまったさんのお誕生日《たんじょうび》に、
なにがおこるでしょう…？

④

シチューを煮《に》こむ。

③のなべに、トマト、玉ねぎ、にんじん、おくら、水を加えて中火にかける。煮《に》たってきたらアクをすくって、ふたをして、ときどきかき混《ま》ぜながら、約30分煮《に》こんでいく。

⑤

最後に塩、こしょうで味をととのえて、できあがり。うつわに盛《も》りつけるとき、おくらを上へのせると、よいアクセントになる。

④

⑤

こまったー!!
つくり
すぎちゃった。
どうしよう。
ピンポーン

わたしたちが、
いただきま～す！

寺村輝夫 （てらむら てるお）

児童文学作家。1928年東京都生まれ。早稲田大学卒業。文京学院大学名誉教授。童話や絵本作品を数多く執筆し、国際アンデルセン国内賞、厳谷小波文芸賞、毎日出版文化賞、講談社出版文化賞絵本賞を受賞。「わかったさんのおかしシリーズ」、「ぼくは王さまシリーズ」などを手がける。

岡本颯子 （おかもと さつこ）

絵本作家。自作の絵本に『まるまるまるごといただきます』、『ふしぎなけいたいでんわ』、童話に『はっぱのきつねさん』。挿絵の仕事に「くいしんぼうチップシリーズ」「きょうりゅうほねほねくんシリーズ」「かぎばあさんシリーズ」など、多数の作品を描いている。

さわのめぐみ

フードディレクター。誰もが耳にしたことのある物語をテーマに、前菜からデザートまでをフルコースで体験する「ものがたり食堂」を開催。イラストレシピ集『わかったさんのこんがりおやつ』で新作のお菓子を監修し、料理レシピ本大賞2018にて絵本賞を受賞。

ものがたり食堂 https://about-f.com

ブックデザイン　林瑞穂
撮影　Jun Honda
スタイリング　露木藍
撮影協力　UTUWA（電話 03-6447-0070）

# こまったさんのレシピブック

レシピ原案　寺村輝夫
絵　岡本颯子
レシピ監修　さわのめぐみ

2020年2月初版　2024年10月第5刷

発行者　岡本光晴
発行所　株式会社あかね書房
〒101-0065 東京都千代田区西神田3-2-1
電話 03-3263-0641（営業）　03-3263-0644（編集）
印刷所　株式会社精興社
製本所　株式会社難波製本

落丁本・乱丁本はおとりかえいたします。
定価はカバーに表示してあります。

ISBN978-4-251-05005-2 C8077 NDC596 48p 27×19cm
https://www.akaneshobo.co.jp